www.ingramcontent.com/pod-product-compliance
Lightning Source LLC
Chambersburg PA
CBHW080229180526
45158CB00008BA/2209
* 9 7 8 1 0 9 1 7 4 0 4 0 2 *